LA BOXE

Anglaise et Française

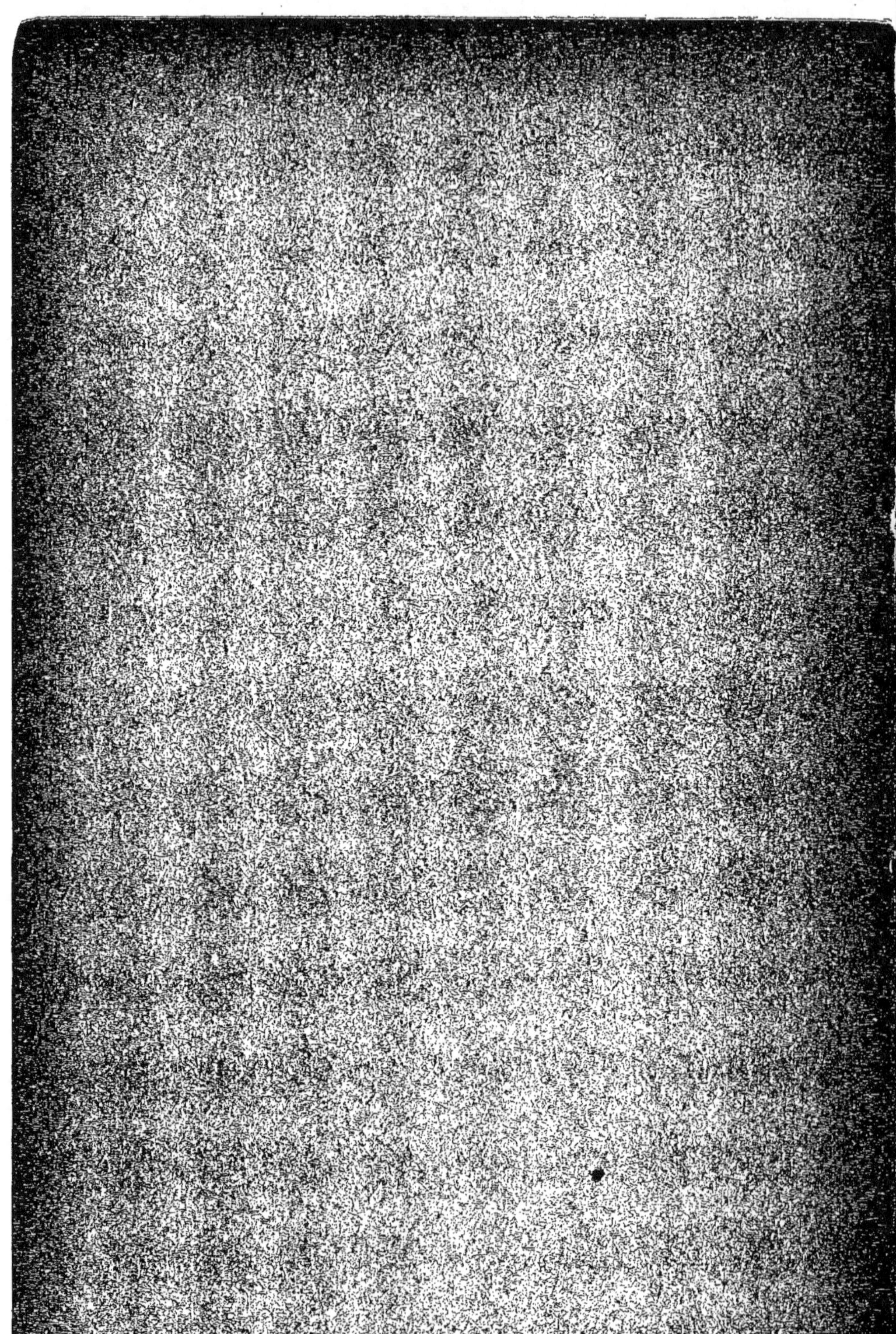

LES SPORTS POUR TOUS

Sous la direction d'Émile ANDRÉ

LA BOXE

Anglaise et Française

PAR

Le professeur Julien LECLERC

ÉDITIONS NILSSON
7, rue de Lille, Paris

LA BOXE

Historique. — Vogue des Combats de Boxe anglaise. — Les Professionnels Combattants. — Comment on s'entraîne. — Mérites de la Boxe Française.

La boxe a été définie « le plus court chemin d'un poing à un autre »...

Cette plaisanterie un peu vieille ne pourrait s'appliquer en tous cas qu'à la « boxe anglaise », où l'on cultive les coups de poing, à l'exclusion des coups de pied.

Au contraire, dans la « boxe française » on trouve ces deux moyens de défense. En d'autres termes, c'est la combinaison des coups de poing de la boxe anglaise et des coups de pied de l'antique « chausson » ou « savate ».

De tout temps on a porté des coups de poing et des coups de pied ; mais les perfectionnements dans l'art de se servir des « armes naturelles » de l'homme et de se comporter en véritable boxeur ne remontent pas à une époque très lointaine.

Le coup de poing « assené » jouait un très grand rôle, semble-t-il, dans l'art des boxeurs d'autrefois. Et l'on ne possédait pas la façon « définitive » de porter les coups suivant les principes exposés plus loin.

La défensive, soit dans les parades, soit dans les esquives, était incomplète.

*
* *

L'art du *boxing* se développa en Angleterre au XVIIIᵉ siècle, donna lieu à des spectacles très courus où des adversaires renommés se disputaient des sommes fournies par des souscriptions d'amateurs.

On pariait parfois très cher ; mais on pensait en avoir pour son argent, puisque les champions se mettaient en pitoyable état.

Le sang coulait, le *claret* en style de *boxing*, ils se brisaient les dents, le nez, s'aveuglaient presque, et, le visage boursouflé, n'avaient même plus forme humaine.

La loi anglaise voulut réagir contre les excès de brutalité que l'on n'aurait pas dû voir dans les épreuves du pratique et noble art de la défense personnelle, du *self defence*.

Mais la prohibition des combats de cette sorte fut souvent éludée.

Les combats de boxe à poings nus ont été interdits, mais il y en a encore, que des sociétés privées organisent secrètement.

Les combats de boxe avec gants peuvent être empêchés par la police anglaise, lorsqu'elle croit le combat susceptible de devenir dangereux. Et, en effet, la précaution de mettre des gants est loin de former une garantie suffisante, si l'on prend de petits gants peu rembourrés, qui laissent beaucoup d'efficacité aux coups de poing, parfois mortels, très rarement par bonheur.

Ils mettent d'autant moins obstacle à la gravité du combat qu'ils empêchent les mains de se gonfler et de se déchirer.

En Angleterre, en Amérique, on trouve le moyen d'organiser de sensationnels combats, malgré des prohibitions diverses.

***

Tandis que le sport des coups de poing se développait outre-Manche, l'art de porter des coups de pied se perfectionnait en France et spécialement à Paris.

L'ancienne « savate » était en honneur aux « barrières » et dans leurs parages.

Il y avait une autre expression familière pour désigner l'art d'utiliser les pieds comme armes. C'était le « chausson ».

A Marseille, on le pratiquait beaucoup. On remarquait en Provence un genre d'assauts qui était plutôt une sorte de jeu, où les adversaires cherchaient à se toucher de la pointe du pied au-dessus de la ceinture, en excluant les bras et le cou.

D'anciens prisonniers des pontons anglais (après les guerres du premier Empire) s'inspirèrent des coups de poing du *boxing*, et firent alterner l'usage des mains avec celui des pieds. Ils combinèrent avec le chausson marseillais l'emploi des mains plutôt que des poings, car ils donnaient d'habitude, dit-on, de simples tapes avec le dos ou l'intérieur de la main, sur la poitrine, et presque exceptionnellement sur la figure.

Dans les assauts de chausson, on visait surtout à faire des effets d'agilité et d'adresse.

Puis, le jeu devint plus serré, plus combatif. À ce point de vue, Isnard se fit remarquer parmi les tireurs de chausson provencaux.

*
* *

De la « savate » parisienne combinée avec la boxe anglaise devait naître la boxe française.

Charles Lecour opéra cette combinaison d'une façon méthodique. On lui attribue le principal rôle dans la création de la boxe française, et Alexandre Dumas n'hésita pas à le qualifier d' « homme de génie ».

Comme professeur, Charles Lecour ne se retira de la salle de la rue Saint-Marc (1), où

(1) À l' « École d'escrime française », qui s'était annexé une salle de boxe.

il enseignait en dernier lieu, qu'à l'âge de soixante-seize ans.

Possédant encore une vigueur surprenante, il donna quelques leçons en ville : il ne prenait donc qu'une demi-retraite, et l'on voit que la boxe conserve son homme.

Il enseignait fort bien, comme nous avons pu nous en convaincre dans les leçons prises avec lui, et il précisait avec soin les coups les plus pratiques, les plus utiles pour le combat réel.

Son plus brillant élève, son digne continuateur n'est autre que Julien Leclerc, l'auteur de la méthode que nous publions. Leclerc le remplaça d'abord rue Saint-Marc, mais depuis un certain nombre d'années, il s'est consacré presque exclusivement à la salle qu'il a fondée rue Richelieu.

*
* *

Depuis quelques années la boxe anglaise est devenue particulièrement à la mode à Paris en diverses salles de spectacles, parce qu'elle se prête mieux que la boxe française à des « assauts-combats ».

Dans ces assauts on emploie généralement des gants de « quatre onces » (120 grammes) qui permettent de porter des coups plus sérieux, — sans l'être trop, généralement — qu'avec les gants très rembourrés dont on se sert d'habitude.

On se rapproche ainsi de la réalité du combat. C'est devenu un spectacle à la mode à Paris, et qui fait de très belles recettes — dont l'une parut presque fantastique en France : celle du match Sam Mac Vea — Joë Jeannette, au Cirque de Paris, en février : plus de 85.000 francs.

Leur match-revanche en avril fit encore une quarantaine de mille francs.

En Angleterre, en Amérique, les grands matches de boxe produisent des recettes beaucoup plus élevées.

Les amateurs s'imposent de longs voyages pour aller assister à un combat entre champions renommés, et les places se paient des prix fous.

Quant aux champions, ils acquièrent de véritables fortunes.

Les combattants partagent d'inégale façon la forte somme ; le vaincu lui-même a une assez belle part pour se consoler. Mais il arrive qu'il y a mort d'homme, ce qui est heureusement rare.

A titre d'exemple, rappelons que dix mille spectateurs à San Francisco, en août 1903, assistèrent au combat de James J. Jeffries, alors champion du monde, et de J. Corbett dont la réputation était presque égale.

La recette s'éleva à 62.340 dollars, et si l'on trouva des places de loges à 40 dollars, — 200 francs, — les amateurs moins fortunés eurent bien de la peine à trouver une mauvaise place de « gallery » pour leurs 3 dollars, un peu après l'ouverture des guichets.

Corbett ne put ravir à Jeffries le titre de champion du monde. Il fut vaincu au 10ᵉ « round », autrement dit à la 10ᵉ reprise. Il eut pour sa part 10.910 dollars; le vainqueur en empocha 32.728.

Les vainqueurs se partagèrent plus de 218000 francs sur une recette de plus de 316000 francs.

Ce fut le gain le plus élevé touché par des boxeurs.

Mais il y eut des recettes plus fortes. Par exemple, le match Jeffries-Sharkey, à New-York, en 1899, où Jeffries fut vainqueur aux points (1), fit 331 500 francs, dont 182 325 fr. pour les combattants.

Le record de la recette, en Amérique, a été battu par le match Joe Gans-Battling Nelson en 1906, à Goldfield, où Gans fut vainqueur sur une faute. On fit 348 575 fr. dont 167 500 francs pour les adversaires.

D'autres rencontres à fortes recettes furent celles de Corbett et de Mac Coy à New-York, en 1900, où Corbett fut vainqueur par knock-out. Recette : 281 750 francs dont 169 050 fr. pour les boxeurs.

Citons encore le match Nelson-Britt, en 1904, à Colma. Nelson fut vainqueur aux points. Recette : 241 555 fr., dont 157 010 fr. pour les adversaires.

En Australie, le match Tommy Burns-Jack Johnson, dont nous parlons à la fin du volume, réunit une foule énorme évaluée à 16 000 personnes, et fit la recette-record de 635 000 francs dont 200 000 francs environ pour les combattants.

En raison des avantages pécuniaires et de

(1) « Aux points » comptés par l'arbitre, — autrement dit, sur l'appréciation de l'arbitre, sans qu'il y eût de « knock-out », de coup décisif mettant l'adversaire hors de combat

la popularité spéciale que leur rapportent leurs exploits, les boxeurs anglais et américains ne se laissent pas arrêter par les risques du métier.

Du reste, les « professionnels combattants » suivent un entraînement spécial pour s'endurcir, pour obtenir une endurance exceptionnelle. Ils s'habituent à tenir longtemps même dans un combat très sévère; ils apprennent à recevoir, à « encaisser » les coups formidables sans être mis hors de combat et même en tâchant d' « avoir le sourire » ne fût-ce que pour décourager l'adversaire.

En dehors des assauts d'entraînement, ils s'exercent au « punching-ball » ou « punching-bag », l'excellent exercice qui s'est répandu dans nos salles et qui consiste à donner de multiples et rapides coups de poing sur un petit ballon spécial suspendu à une plate-forme. (Il peut être suspendu autrement; mais l'emploi de la plate-forme est le meilleur système.) On s'entraîne aussi en frappant sur un sac rempli de sable.

D'autre part, pour acquérir du souffle, les champions pratiquent des exercices de courses à pied. Ils font des kilomètres en marchant vite, et de temps en temps un 100 mètres en vitesse.

Ils sont alors chaudement vêtus pour se faire maigrir plus ou moins, s'il y a lieu.

Les bains de vapeur servent aussi à les faire maigrir.

Le massage est un des principaux moyens de les mettre en forme.

Pour acquérir de l'agilité, et se donner des jambes, ils pratiquent le saut à la corde.

Pour leur donner de la souplesse, des mouvements de gymnastique suédoise leur sont particulièrement recommandés.

(A ce sujet, nos lecteurs pourront trouver des renseignements détaillés dans un autre petit volume de la collection des *Sports pour tous*. Ce volume, intitulé *Vigueur, Souplesse, Beauté par la Gymnastique suédoise*, contient une série d'une trentaine d'exercices à pratiquer chez soi sans l'aide d'aucun appareil.)

Sur la façon dont s'entraînent les combattants professionnels et sur le régime qu'ils suivent, variable d'ailleurs, suivant les personnes, il y aurait maints détails à donner.

Mais, en somme, ce n'est vraiment intéressant que pour ceux, en très petit nombre, qui se destinent à cette carrière.

D'ordinaire, lorsque l'on pratique la boxe, c'est surtout pour faire du sport ou pour acquérir de suffisants moyens de « défense personnelle », ou pour ces deux raisons.

Et même si l'on se propose de tirer en public, on ne s'astreint pas aux sévérités de régime que s'imposent des gens dont la boxe de combat devient la profession.

En pareil cas (quelque temps avant de tirer en public), on peut du moins recommander, outre un entraînement plus suivi à la salle, la précaution élémentaire d'éviter tout excès, de se conformer davantage aux règles d'hygiène qui rendent frais et dispos. Dans l'alimentation, sans trop s'écarter du régime auquel on est habitué, on diminuera par exemple, l'usage des farineux. On prendra des aliments fortifiants, côtelettes, biftecks, sans se surcharger l'estomac.

*
* *

En France, nous n'avions guère jusqu'ici qu'une catégorie de professionnels — ceux qui se consacrent à l'enseignement et qui, lorsqu'ils tirent en public, fournissent le genre d'assaut traditionnel, où il ne s'agit pas de mettre l'adversaire « knock-out », ni même de le battre simplement « aux points », avec des gants de quatre onces.

Il s'agit d'assaut « exhibition », et non de match.

Mais en raison de la vogue de la boxe de combat depuis quelques années, à Paris, nous commençons à avoir des « professionnels combattants ».

Cette vogue n'est pas seulement une affaire de mode.

Lorsque l'on pense qu'un combat sera disputé sincèrement, sans « chiqué », entre champions renommés, on est en droit de compter sur un spectacle très intéressant.

Mais voilà : le chiqué s'est mis de la partie, comme dans le sport de la lutte, et l'on n'en a pas toujours pour son argent.

A dire vrai, s'il n'y avait pas du tout de chiqué, le combat finirait parfois trop vite, et l'on se plaindrait encore, pour cette raison.

En boxe française, l'assaut-combat serait moins possible, surtout si l'on employait des chaussures à semelles un peu fortes, et même sans cela.

(Avec des chaussures légères, on se ferait mal à soi-même en portant des coups de quelque force.)

Il en résulte que l'assaut de boxe française offre avant tout des effets d'adresse et de souplesse.

Au point de vue du combat, c'est un spectacle moins corsé que celui que fournit un match de boxe anglaise. Puis beaucoup de spectateurs n'en saisissent pas toutes les finesses, tandis qu'ils se rendent mieux compte de telle et telle qualité que l'on montre dans la boxe anglaise et de l'endurance, de la résistance de certains champions.

Par cela même qu'elle ne tient pas l'affiche des cirques et des music-halls comme la boxe anglaise, la boxe française semble un peu éclipsée et relativement en défaveur.

Soit comme sport, soit au point de vue de l'utilité pratique, elle mérite autant que jamais d'être cultivée avec beaucoup de soin.

C'est un admirable sport, exerçant toutes les parties du corps et donnant beaucoup de souplesse.

Quant à son utilité pratique, quant à la valeur des moyens de défense qu'elle procure, ils sont plus variés que ceux de la boxe anglaise puisqu'aux coups de poing elle joint les coups de pied.

Seulement celui qui cultive la boxe française doit travailler les coups de poing avec autant de soin que celui qui veut faire uniquement de la boxe anglaise, d'autant plus qu'en certains cas, on peut n'avoir pas la place voulue pour bien se servir de ses jambes.

Puis il faut se méfier, en prévision d'une « rentrée » de l'adversaire, d'avoir compromis un peu son équilibre pour préparer un coup de pied.

*⁂

Pour l'une et l'autre boxe, les amateurs ne peuvent trouver de meilleur guide que le professeur Julien Leclerc, qui expose plus loin sa méthode si pratique, où il a su de bonne heure mettre une note personnelle.

Il s'est tenu au courant du mouvement de la boxe en Angleterre et en a habilement tiré parti, notamment au point de vue des esquives et des coups d'arrêt.

En ces dernières années, les boxeurs américains venus à Paris ont utilisé diverses innovations, dont certaines sont plus pratiques dans le *ring* avec des gants rembourrés que dans un combat réel à poings nus. Leclerc a étudié avec soin ces innovations et il donne à ce sujet des détails précis. (Voir les pages concernant les coups dits « crochets », et les parades en « bloquant ».)

A propos des boxeurs américains, il est équitable de reconnaître qu'ils ont développé l'art du *knock-out*, autrement dit du coup décisif qui met l'adversaire hors de combat, après l'avoir atteint sur une partie sensible, telle que l'angle de la mâchoire (ou la pointe du menton), la carotide, la région du cœur, et le creux de l'estomac (sur le centre nerveux dit « plexus solaire », près de l'extrémité du sternum) (1).

John L. Sullivan a même été appelé l'inventeur du *knock-out* : en tous cas il se fit une spécialité du cross à la mâchoire, pour knock-outer de nombreux adversaires.

*

Tous les boxeurs étrangers en renom venus à Paris se sont entraînés dans la salle que Leclerc dirige rue Richelieu. Citons, par exemple, Sam Mac Vea, Kid Davis, etc.

Inutile de rappeler les brillants succès que Julien Leclerc et son frère Édouard ont remportés dans les assauts publics.

(1) L'effet « anesthésiant » produit par tel et tel *knock-out* est plus impressionnant pour les spectateurs que douloureux pour le combattant tombé.

Mais au creux de l'estomac et dans la région du cœur, le coup peut être très douloureux.

Naturellement un *knock-out* dans la région du cœur sur un cardiaque peut être plus que dangereux. Et il est évident que les cardiaques doivent renoncer à la carrière de « professionnel combattant ».

Dans les championnats annuels, la salle Leclerc a gagné trois années de suite le challenge de boxe française.

Elle a formé de nombreux champions parmi lesquels Legrand, Duchesne, Briat, Gaucher, Jeanniot, Deligny, Piet, actuellement le meilleur professionnel français des poids légers.

En compagnie de Piet, Leclerc fils, qui déjà seconde fort bien son père, et qui donne la leçon d'une façon vraiment remarquable, a servi de modèle pour les photographies de boxe anglaise reproduites dans ce livre.

Les deux jeunes boxeurs sont en tenue de combat, sauf ceci qu'ils ont été photographiés les poings nus, pour que l'on vît mieux la position des doigts dans les coups et parades.

Pour les coups de pied de la boxe française, les poses ont été prises par Julien Leclerc et son frère Édouard, chez M. Boisdon, le photographe sportif bien connu.

Les deux tireurs ont les gants de sable habituels.

E. A.

MÉTHODE DE BOXE

LA GARDE

Le boxeur mettra le pied gauche en avant et le pied droit en arrière à 30 ou 40 centimètres l'un de l'autre, suivant la taille, la pointe du pied droit un peu en dedans, le talon ne touchant pas terre, le genou gauche perpendiculaire au sol et le genou droit légèrement fléchi en avant (fig. 1).

Le poids du corps doit porter également sur les deux jambes, la tête tenue droite, le bras droit replié sur l'estomac, le poing sous le sein gauche de façon que l'avant-bras droit passe et porte sur le creux de l'estomac qu'il protège. S'il n'adhère pas, il sera projeté sur l'estomac et le choc est très redoutable.

Le bras gauche tombera naturellement le long du corps, l'avant-bras relevé formant angle droit.

Dans tous les mouvements d'attaque ou de parade, on doit toujours, si c'est possible, laisser un bras appuyé sur le creux de l'estomac. endroit où les coups sont très douloureux ; si l'on est forcé de le découvrir, que ce soit le moins longtemps possible.

Fig. 1. — En garde. — Le boxeur de gauche a une garde américaine, la main droite ouverte, prête à « bloquer ».

COUPS DE POING

Coup de poing du bras gauche à la tête sur place. — Pour ce coup, le bras étant placé comme nous l'avons dit, c'est-à-dire placé jusqu'au coude parallèlement et près du corps, l'avant-bras horizontal faisant angle droit, il faut le détendre à fond en poussant avec la jambe droite. Le corps doit s'effacer, les ongles tournés en dessus ou en dessous, de façon à frapper avec les os (1) de la première articulation des doigts (fig. 2).

Dans tous les coups de poing, il faut porter le poids du corps sur le coup sans exagération pourtant, car on ne ferait plus alors qu'une poussée plus dangereuse pour soi

(1) Les os métacarpiens, à la naissance des doigts.

même que pour l'adversaire; le poids du
corps ajoute beaucoup à la force du coup.

Fig. 2. — Coup du gauche à la tête.

Dans tous les coups de poing directs il
faut éviter de retirer le bras en arrière avant
de frapper, comme le font les gens inexperts

en boxe; d'abord, c'est une grande perte de
vitesse et de temps, puisque l'on a plus de
chemin à parcourir; puis, au lieu de donner
de la force au coup, comme on pourrait le
croire, cela ne peut qu'en enlever; car alors
le poids du corps s'unit très rarement à la
détente du bras; d'autre part, l'adversaire
prévenu par ce retirement de bras, voit arriver et pare l'attaque avec beaucoup plus de
facilité.

Pour faire ce coup en marchant, portez
rapidement le pied gauche en avant, le talon
gauche touchant le premier terre, et rapprochez le pied droit à la distance de la garde.
La détente de la jambe droite, des reins et
du bras gauche doit se produire en même
temps, de façon que le poing arrive au moment où le talon gauche touche terre.

Pour revenir à la position première, on
reportera le pied droit en arrière, la pointe
touchant la première, puis le pied gauche à
la distance de la garde. Tout ceci doit être
exécuté avec rapidité.

Parade. — Lever brusquement le bras droit
qui doit venir frapper le bras gauche de
l'adversaire de bas en haut, en avant et de

gauche à droite, les ongles de la main tournés en avant, et le poing droit restant le plus

Fig. 3. — Parade du coup du gauche à la tête.

possible en face, et au-dessus de l'épaule
gauche, le coude en face et à la hauteur de
l'épaule droite (fig. 3).

Éviter, en parant, de détendre le bras au-dessus de la tête ; la parade doit faire passer le poing de l'adversaire à droite et au-dessus de la tête ; mais si l'on fait la parade trop loin, on ne peut plus revenir en garde assez vite, et l'on se trouve exposé plus longtemps.

Du reste, dans toutes les parades il faut écarter le moins possible les bras du corps ; les parades larges sont les moins sévères et les plus faciles à tromper.

Coup de poing du bras droit à la tête. Sur place, frappez du bras droit à la figure, les ongles en dessous, le côté droit le plus en avant possible, le corps appuyé sur la jambe gauche, et en poussant avec la jambe droite, le pied droit ne touchant terre que par la pointe (fig. 4).

En marchant, portez le pied gauche en avant, le talon touchant terre le premier, rapprochez le pied droit à la distance de la garde, et donnez le coup de poing du bras droit de la même façon que le coup sur place.

Ce coup diffère du coup du bras gauche en marchant en ce sens qu'on ne donne le coup

qu'après avoir marché au lieu de le donner
en même temps.

Fig. 4. — Coup du droit à la tête.

Parade. — On pare de l'avant-bras droit
comme pour le coup du bras gauche, ou du
bras gauche si le coup vient en dehors. On

pare toujours avec le bras qui se trouve dans
la ligne d'où vient l'attaque (fig. 5 et 6).

Fig. 5. — Parade du coup du droit à la tête.

Coup de poing du bras gauche au corps.	Frappez du poing gauche au creux de

l'estomac, au-dessous du sein gauche ou sur les basses côtes. Dans ce coup les ongles

Fig. 6. — Autre parade du coup du droit à la tête.

sont tournés en dessous, le corps légère-ment penché à droite et un peu en avant, de façon à bien donner le poids du corps (fig. 7).

Fig. 7. — Coup du gauche au corps.

On donne ce coup en marchant comme celui à la figure.

Parade. — Parez avec l'avant-bras droit de
haut en bas et un peu en avant, les ongles

Fig. 8. — Parade du coup du gauche au corps.

tournés vers le corps sans bouger celui-ci,
et ramenez vivement le bras droit à la position première (fig. 8).

<table>
<tr><td>

Coup de poing du bras droit au corps.

</td><td>

Frappez du bras droit, les ongles en dessous, au

</td></tr>
</table>

Fig. 9. — Coup du droit au corps.

creux de l'estomac sous le sein gauche ou dans les basses côtes (fig. 9).

On doit donner ce coup bien avec le corps, et surtout éviter de retirer le bras en arrière.

Fig. 10. — Parade du coup du droit au corps.

Au moment où le coup arrive, on doit avoir le côté droit en avant, la tête à gauche et le poids du corps sur la jambe gauche.

On fait généralement précéder ce coup
d'une feinte du bras gauche à la tête pour

Fig. 11. — Une autre parade du coup du droit
au corps.

faire découvrir l'estomac de l'adversaire. On
fait la feinte en marchant et le coup du
droit au corps sur place.

Parade. — Parez du bras droit comme pour le coup du bras gauche au corps ou du bras gauche si le coup vient dans l'autre ligne (fig. 10 et 11).

ESQUIVES ET ARRÊTS

Fig. 12. — Esquive à droite.

Esquive à droite. | Sur l'attaque d'un coup de poing direct du bras gauche à la tête, inclinez légère-

ment la tête à droite, de façon que le poing
passe au-dessus de votre épaule gauche, et

Fig. 13. — Esquive à gauche

ayez soin, en esquivant, de ne pas perdre
l'adversaire de vue (fig. 12).

Esquive à gauche. | Sur l'attaque d'un
coup de poing di-

Fig. 14. — Esquive à droite et coup d'arrêt du gauche
à la tête sur une attaque du gauche.

rect du bras gauche, inclinez la tête à gauche

de façon que le poing passe sur votre épaule droite (fig. 13).

Fig. 15. — Esquive à droite des deux côtés; le coup passe.

Esquive à droite et coup d'arrêt du bras gauche à la tête.

Sur l'attaque du bras gauche à la tête, esquivez la tête à droite, et

en même temps donnez le coup de poing du
bras gauche à la tête, en portant le corps en

Fig. 16. — Esquive à droite et coup d'arrêt
au corps du bras gauche.

avant et à droite, les ongles en dessous,
(fig. 14).

Parade. — Parez du bras droit ou esquivez la tête à droite (fig. 15).

Esquive à droite et coup d'arrêt au corps du bras gauche. Sur l'attaque du bras gauche à la tête, esquivez la tête à droite et frappez du poing gauche au corps (fig. 16).

Parade. — Parez du bras droit ou laissez votre bras droit serré au corps.

Esquive à gauche et coup d'arrêt du bras droit au corps Sur une attaque du bras gauche à la tête, esquivez la tête à gauche, et frappez du bras droit au corps (fig. 17).

Ce coup peut se faire sur une attaque du bras droit.

Parade. — Laissez le bras droit au corps ou le bras gauche, si vous attaquez du bras droit.

Coup croisé (ou cross) du droit à la mâchoire sur une attaque du gauche à la tête Sur l'attaque du bras gauche

à la tête, esquivez la tête à gauche et frappez
du bras droit qui, demi-tendu et contracté,

Fig. 17. — Esquive à gauche et coup d'arrêt
au corps du bras droit.

les ongles en dessous, doit croiser par-
dessus le bras gauche et frapper l'angle de

la mâchoire. Ce coup se donne de droite à gauche et bien avec le corps (fig. 18).

Fig. 18. — Coup croisé (ou cross) du bras droit sur une attaque du gauche à la tête.

Parade. — Esquiver la tête à droite en levant le conde gauche (fig. 19).

Fig. 19. — Parade du coup croisé (ou cross).

Coup de côté (ou swing) du bras gauche à la tête sur une attaque du bras gauche.

Si l'adversaire, en attaquant du bras gauche à la tête, esquive la tête à

droite, donnez le coup de côté du bras
gauche à la tête, en esquivant la tête à droite.

Fig. 20. — Coup de côté (ou swing) du gauche à la
tête sur une attaque directe du gauche à la tête.

Le coup de côté doit être donné avec le
corps, le bras un peu plié et contracté,
l'épaule soudée au corps, le coup venant

complètement du mouvement du corps de
gauche à droite, les ongles tournés en

Fig. 21. — Parade du coup de côté (ou swing)

dehors de façon à frapper avec les os de la
main (fig. 20)

On doit plier un peu le bras : sans cela le choc peut vous luxer le coude.

Fig. 22. — Esquive du coup de côté (ou swing)

Ce coup se donne du bras droit quand l'adversaire esquive à gauche.

On peut aussi le donner au corps

Parade. — On pare du bras droit (fig. 21)
ou l'on esquive (fig. 22) par exemple sur

Fig. 23. — Coup de côté (swing) du droit
sur une attaque du droit au corps.

un coup de côté du gauche, en baissant la
tête en avant et en la relevant vers la droite.

Pour un coup du droit, baissez la tête et relevez-la vers la gauche, en ayant soin de ne perdre l'adversaire de vue que le moins longtemps possible.

Coup de côté du droit à la tête sur un coup au corps du droit. Sur une attaque du bras droit au corps, laissez votre bras gauche au corps et donnez le coup de côté du bras droit (fig. 23).

Coup de bas en haut (uppercut) En donnant ce coup, les ongles doivent être tournés vers le corps, le poing perpendiculaire au coude. Ce coup vient des reins et des jambes sur lesquelles on se soulève en pivotant sur le pied du côté d'où vient le coup.

Il se donne sous le menton, et se fait du bras gauche ou du bras droit suivant que la tête de l'adversaire est à portée de l'un ou de l'autre poing (fig. 24 et 25).

Parade. — Esquiver à droite ou à gauche suivant la direction du coup, ou bien l'on bloque avec la main (fig. 26).

Coups « crochets » (ou hooks). | Ce genre
de coup

Fig. 24. — Coup de bas en haut (uppercut) du gauche.

se fait à la mâchoire ou au corps de la main
droite ou de la main gauche.

Comme le nom l'indique, le bras doit être
replié, en crochet, car, ainsi que le précédent,

Fig. 25. — Coup de bas en haut (uppercut) du droit.

c'est un coup de près, les ongles tournés vers
la poitrine, le coude en dehors un peu plus
bas que le poing. Le coup vient de droite à

gauche ou de gauche à droite et un peu en
remontant; on pivote sur le pied du côté où

Fig. 26. — Coup de bas en haut (uppercut) bloqué.

l'on frappe. Il se porte à la pointe du menton (fig. 27 et 28).

Parade. — Parer en esquivant comme pour le coup de côté, ou en bloquant (fig. 28).

Fig. 27. — Crochet (ou Hook) du droit.

Bloquer, c'est arrêter le coup de l'adversaire, en le recevant dans la main (fig. 29)

ou encore en lui appuyant sur le bras pour
l'empêcher de frapper.

Fig. 28. — Crochet (ou Hook) du gauche bloqué.

Pas de côté. — Ce pas est très utile pour
éviter un adversaire qui

vous charge ou pour se dégager quand on
se trouve dans un coin (fig. 30).

Fig. 29. — Bloquer un coup au corps.

Sur l'attaque d'un coup direct à la tête,
esquivez à droite en rassemblant le pied

gauche près du pied droit, et fendez-vous à
droite.

Fig. 30. — Pas de côté.

Si votre adversaire s'avance, il risque de
recevoir un croc-en-jambe; vous ramenez le

pied gauche devant le droit en faisant face. Si vous exécutez rapidement ce mouvement, vous esquivez l'attaque de votre adversaire, qui ne sera plus en face de vous, et vous pourrez sortir facilement d'un coin. Il serait utile de combiner le pas de côté en rompant

Pour rompre, portez le pied droit en arrière, la pointe touchant terre la première, rassemblez le pied gauche et faites le pas de côté en vous fendant du pied droit.

COUPS DE PIED

Coup de pied bas. | Étant garde à gauche, portez vivement le poids du corps sur la jambe gauche, les genoux fléchis en avant; détendez la jambe droite en passant le plus près possible de la jambe gauche, le pied frôlant le sol, le tranchant de la semelle venant frapper le tibia de l'adversaire le plus bas possible et revenez vivement en garde (fig. 31, 32, 33).

Au moment où l'on délivre le coup, le talon gauche se trouve soulevé de terre, et tout le poids du corps se trouve sur la pointe du pied gauche.

Ce coup est un des plus sérieux de la

boxe française; on doit autant que possible
le donner en fausse garde, par exemple si

Fig. 31. — Coup de pied bas, 1ᵉʳ mouvement.

vous avez le côté gauche en avant et que
votre adversaire ait le côté droit, pour qu'il
porte sur le tibia. En bonne garde il porte-
rait sur le mollet et mettrait difficilement
l'adversaire hors de combat.

Il est bien entendu que le coup de pied bas se donne d'un seul temps.

Fig. 32. — Coup de pied bas, 2ᵉ mouvement.

Coup de pied bas en marchant | Pour exécuter le coup de pied bas en marchant, il suffit de faire un pas du pied gauche, si vous êtes garde à gauche et de donner le coup de pied bas de la jambe droite.

On ne doit pas faire le pas trop grand ;

Fig. 33. — Coup de pied bas, 3ᵉ mouvement et parade.

sans cela, on perd de la force dans le coup de pied.

Coup de pied bas doublé. | Exécuter le coup de

pied bas, ramener le pied droit derrière le pied gauche, mais dans une petite garde ou plutôt dans la première position du coup de pied bas (fig. 31) et exécuter un deuxième coup de pied bas.

Le premier coup peut servir de feinte; en ce cas on le donne moins vigoureusement, de façon à conserver toute la force pour le second coup qui est celui sur lequel on compte; ou bien le second coup sert de remise quand l'adversaire, ayant paré le premier, marche sur vous pour riposter.

Parade. — Il y a deux façons de parer le coup de pied bas.

La première, en ramenant la jambe de devant près de la jambe de derrière, la pointe du pied touchant terre (fig. 33).

Si l'adversaire reprend sa garde, vous reposez le pied en avant; au contraire, s'il gagne sur vous, vous reportez la jambe d'appui en arrière de façon à conserver votre distance.

En reprenant votre garde en avant ou en arrière, vous pouvez riposter par le coup que vous jugerez nécessaire, selon la position de l'adversaire a ce moment.

Éviter de parer en levant la jambe; cette parade est défectueuse, car si l'adversaire donne son coup de pied bas en remontant, ce qui arrive fréquemment, vous recevez le coup malgré votre parade.

Deuxième façon de parer : en changeant de garde en arrière, c'est-à-dire en portant le pied de devant en arrière, en le faisant passer le plus près possible du pied de derrière.

Mais cette façon de parer est moins pratique, car dans tout changement de garde, si serré qu'on le fasse, si rapide qu'il soit, vous vous trouvez pendant un moment de face; de plus, si l'adversaire reprend sa garde, vous vous trouvez hors de portée et vous ne ripostez plus.

Coup de pied chassé-bas.

Étant garde à gauche, passez le pied droit près du pied gauche, la pointe tournée en arrière, et détendez la jambe gauche, la pointe du pied en dedans, de façon à frapper le tibia de l'adversaire avec le talon.

Le poids du corps se portera sur la jambe droite, qui doit être très fléchie, de façon

que la jambe gauché porte le plus loin possible (fig. 34, 35).

Pour revenir en garde, il n'y a qu'à faire

Fig. 34. — Coup de pied chassé-bas, 1ᵉʳ mouvement.

le mouvement inverse, c'est-à-dire reporter
le pied gauche près du pied droit, et le
pied droit en arrière.

Les deux temps doivent se confondre en
un seul, de façon que l'élan de la jambe

droite, le coup de reins et la détente de la jambe gauche se produisent en même temps; c'est-à-dire qu'au moment où le pied droit pose, le pied gauche doit arriver.

Fig. 35. — Coup de pied chassé-bas, 2ᵉ mouvement et parade.

On peut, pour aller plus loin, croiser davantage la jambe droite devant la jambe gauche; cependant il ne faut pas exagérer l'allonge, car si l'on croise trop, le corps ne se trouvant plus en équilibre sur la jambe droite, on ne pourrait plus allonger la jambe gauche à fond, et on arriverait à ne pas l'allonger plus que sur place; le coup perdrait une partie de sa force.

Le coup de pied chassé est plus difficile à bien exécuter que le coup de pied bas, mais il a plusieurs avantages :

1° Si l'on vient à passer, on ne se trouve pas exposé comme dans le coup de pied bas, où l'on se trouve de face;

2° Si l'on se trouve arrêté, ce ne sera guère que sur le mollet;

3° Il sert de finale, c'est-à-dire qu'il peut être précédé d'une feinte dans un coup composé, tandis que le coup de pied bas ne peut servir que comme coup simple ou comme feinte et très rarement comme finale;

4° Il porte plus loin;

5° Il est plus dur que le coup de pied bas.

Pour ce coup, le professeur fera bien, de temps en temps, de faire frapper l'élève sur un obstacle, tel qu'une canne tenue à la main, pour s'assurer si l'élève frappe bien avec le talon et non avec la pointe du pied, ce qui est désavantageux, attendu que le pied peut passer derrière la jambe de l'adversaire. Alors on frappe avec la jambe, ce qui n'a aucune valeur, et même si l'on touche avec l'extrémité du pied, l'articulation faisant ressort, le coup perd les deux tiers de sa valeur.

En exécutant ce coup, éviter de sauter d'un pied sur l'autre; il doit être glissé au ras du sol, et ne produire aucun bruit.

Parade. — Parer comme pour le coup de pied bas en retirant la jambe (fig. 35).

Coup de pied de pointe de la jambe de devant. Étant garde à gauche, élevez le genou gauche à la hauteur de la ceinture, la pointe du pied basse, et détendez la jambe, la pointe du pied tendue à la hauteur du bas-ventre ou des parties viriles de l'adversaire.

(Bien entendu, on ne vise là que pour se défendre contre un malfaiteur, dans un combat réel.)

Coup de pied de pointe de la jambe de derrière. Étant garde à gauche, repliez la jambe droite, le genou à la hauteur de la ceinture, la pointe du pied basse, en pivotant sur la pointe du pied gauche, détendez la jambe droite a la hauteur du bas-ventre de l'adversaire, la pointe du pied tendue (fig. 36 et 37).

Fig. 36. — Coup de pied de pointe de la jambe de derrière, 1ᵉʳ mouvement.

Coup de pied de pointe doublé

Si votre coup a porté dans le vide et que l'adversaire marche

sur vous, reposez la pointe du pied en
avant et doublez le coup.

Le coup de pied de pointe ne se fait pas
en assaut, tout au moins dans les parties

Fig. 37. — Coup de pied de pointe de la jambe de
derrière, 2ᵉ mouvement.

viriles; on peut tirer au creux de l'estomac,
mais il est préférable de ne pas le faire en
assaut, car même en tirant à l'estomac, si
l'adversaire marche en avant on l'atteindrait
plus bas.

Parade. — Parer du bras de devant en
chassant le pied en dehors ou ramasser le
pied de bas en haut en faisant une retraite
de corps.

Coup de pied de la jambe de derrière au corps.

Étant garde à gauche, repliez la jambe droite en la faisant passer le
plus près possible de la jambe gauche, en
pivotant sur la pointe du pied gauche et
détendez-la fortement à la hauteur du creux
de l'estomac. Le coup doit être donné avec
le talon ou avec la pointe du pied (fig. 38).

Coup de pied de la jambe de derrière avec remise.

Ayant exécuté le coup
de pied de
la jambe droite au corps, si vous êtes paré,
ou si vous avez frappé dans le vide et que
l'adversaire marche sur vous, reposez vivement la pointe du pied droit à terre en avant
et près du pied gauche, et frappez de nouveau avec le pied droit.

Parade. — Parez du bras droit ou du bras gauche selon le côté où vient le coup.

Fig. 38. — Coup de pied de la jambe de derrière au corps.

Observations sur la manière de revenir en garde. — Lorsque l'on frappe avec la jambe qui est en arrière, on doit revenir en garde en échappant en arrière,

comme pour le coup de pied chassé; en
d'autres termes, étant garde à gauche, si
l'on frappe de la jambe droite, on pose le
pied droit près du pied gauche et l'on
reporte le pied gauche en arrière. Revenir
par le même chemin, c'est-à-dire reporter
le pied droit en arrière, serait une faute;
car si l'adversaire riposte, comme à ce
moment on se trouve sur une jambe, son
coup est dangereux et peut déterminer une
chute.

Coup de pied chassé au corps — Étant garde à
droite, passez le
pied gauche devant le pied droit, la pointe du pied gauche
dirigée en arrière; repliez la jambe droite
à la hauteur de la ceinture, et détendez la
jambe de façon à frapper l'adversaire au-
dessus de la ceinture (fig. 38). En bonne
garde comme en fausse garde on frappe de
la pointe ou du talon.

Parade. — Parez du bras droit ou du bras
gauche selon le côté où vient le coup, ou
marchez sur l'adversaire pour l'empêcher de
détendre la jambe.

Coup de pied chassé à la figure.

A la figure on donne le chassé de la même fa

Fig. 39. — Coup de pied de figure et parade.

çon qu'au corps; mais généralement on frappe avec la pointe ou le dessus du pied, car on ne peut frapper avec le talon que si l'on est plus grand que l'adversaire (fig. 39).

Parade. — Parez avec l'avant-bras ou avec

la paume de la main, selon le côté où vient le coup (fig. 39).

| **Coup de pied de la jambe de derrière à la figure.** | Étant garde à gauche, repliez la |

jambe droite, faites-la passer le plus près possible de la jambe gauche en pivotant sur le pied gauche, et détendez la jambe droite à la figure (fig. 39).

Parade. — Même parade que pour le chassé de figure (fig. 39).

OBSERVATIONS
sur le combat dans la rue.

Les coups de pied au-dessus de la ceinture sont exclusivement des coups d'assaut. Dans un combat dans la rue nous ne conseillons pas de les employer. Nous ne saurions trop le répéter, pour un combat dans la rue, on ne doit employer que : les coups bas, les coups de poing et les coups de pied de pointe.

COUPS D'ARRÊT

Le coup d'arrêt est un coup qui, tiré sur la marche ou sur l'attaque de l'adversaire, a pour but d'arrêter cette attaque ou cette marche : c'est un coup formant parade.

Par conséquent, pour qu'un coup d'arrêt soit juste, il ne faut pas être touché.

Ces coups demandent beaucoup de jugement, de sang-froid et de vitesse, mais par contre sont fort dangereux et gênants pour l'adversaire.

Tous les coups indiqués dans cette méthode peuvent servir de coups d'arrêt.

Exemples de coups d'arrêt. Sur les coups de poing on peut arrêter par le coup de pied bas ou par le chassé-bas.

Au moment où l'adversaire lève le pied pour se rapprocher et donner le coup de poing, donnez un coup de pied bas ou un chassé-bas.

On peut arrêter tous les coups de pied par des coups de poing :

Sur coup de pied bas, en esquivant la
jambe de côté et en donnant le coup de poing
direct à la tête ou au corps ;

Fig. 40. — Coup d'arrêt sur coup de pied bas.

Sur le chassé-bas, en donnant le coup de
poing de côté du bras de devant.

Sur les coups de pied hauts :

Au moment où l'adversaire attaque d'un
coup de pied haut, attaquez d'un direct du
bras de devant en marchant ; votre adversaire se trouvera trop rapproché pour placer

son coup haut qui, même s'il touchait, n'aurait plus aucune valeur.

On peut arrêter les coups de pied par des coups de pied.

Sur un coup de pied bas ou un un chassé-bas, au moment où l'adversaire attaque, levez le pied qui est en avant de 20 a 30 centimètres du sol, et détendez la jambe en avant de façon à frapper avec votre talon sur le tibia de l'adversaire (fig. 40) et à arrêter son coup de pied bas.

Sur le chassé, le coup porte sur le mollet.

On peut arrêter de la même façon par un chassé-bas.

Pour arrêter les coups de pied hauts, il faut arrêter un peu plus haut, de façon à ne pas laisser passer la jambe de votre adversaire au-dessus de la vôtre.

RAMASSEMENT DE JAMBES

Sur les coups de pied bas, étant en fausse garde, fléchissez les jarrets et parez avec la main de devant et en dedans, en saisissant le talon de l'adversaire ; puis, en vous relevant, avec votre autre main, prenez la pointe du pied.

En bonne garde parez en dehors, et, en vous relevant, croisez votre autre bras par-dessus pour maintenir la jambe, puis tirez ou poussez en levant la jambe de l'adversaire de façon à amener une chute.

Sur les coups de pied hauts, vous parez d'une main et vous maintenez de l'autre.

Manière de se dégager lorsque la jambe est prise. — Au moment où l'adversaire saisit la jambe droite, par exemple, repliez la jambe à vous en donnant un coup de reins de droite à gauche.

Si l'adversaire n'a pas eu le temps d'assurer la prise, vous vous dégagerez certainement ; si la prise est assurée, sautez en avant et tâchez de saisir l'adversaire par le cou : de cette façon il ne peut vous renverser sans que vous l'entraîniez dans votre chute, et, avec le bras qui reste libre, vous pouvez frapper à la figure.

CONSEILS POUR L'ASSAUT

Pendant l'assaut, il faut avoir soin de tenir les dents serrées, car sans cela le moindre coup sur la mâchoire inférieure peut être dangereux. Si la bouche est entr'ouverte au moment où l'on reçoit un coup, non seulement on peut se mordre la langue, mais les dents frappant l'une contre l'autre, peuvent se briser ; si le coup vient de côté, la mâchoire peut être luxée.

On fera bien de s'exercer beaucoup à marcher et à rompre, car les jambes, même en boxe anglaise, servent beaucoup plus qu'on ne le croit généralement.

Un tireur qui sera toujours bien en équilibre sur ses jambes évitera beaucoup plus facilement les coups de son adversaire, et profitera beaucoup mieux des fautes de celui-ci. Ayez les mains entr'ouvertes en manœuvrant et fermez-les rapidement en donnant le coup.

Il faut toujours conserver son sang-froid et ne jamais se laisser aller à la colère ; ce procédé est fort mauvais, car on frappe au hasard, dans le vide, mal à propos, et généralement on reçoit soi-même.

Un adversaire, froid de décision et d'exécution prompte, est le plus dangereux.

En boxant, laissez travailler les muscles souplement, les mouvements doivent toujours être agiles. Levez les pieds, ne les traînez pas. En suivant ces principes, vous acquerrez la rapidité sans laquelle le savoir-faire dans la boxe est bien peu de chose.

Évitez autant que possible les corps à corps avec un adversaire d'un poids supérieur au vôtre.

En combattant de loin, la souplesse et la vitesse peuvent annuler le poids, mais en combattant de près, le poids l'emportera presque toujours.

Le professeur fera bien de ramener souvent l'élève à une position régulière ; car de la position du boxeur, de l'équilibre, de la souplesse et de l'indépendance de ses mouvements, dépendent la rapidité et la vigueur de son action.

De cette correction de position dépend toujours la correction de la lutte ; et, en boxe, plus que dans tout autre exercice, il est indispensable de faire correctement, sous peine de voir cet art, tout de sang-froid et de coup d'œil, dégénérer en un lamentable pugilat.

La Fédération française des Sociétés de Boxe a adopté pour ses Championnats annuels des règlements, qui, depuis la fondation des Championnats, ont subi différentes modifications.

Voici ces règlements :

1°

REGLES DE BOXE FRANÇAISE

L'Enceinte | Article premier. — L'enceinte aura les dimensions suivantes : 7 mètres de côté maximum, 5 mètres de côté minimum ; le sol en sera de planches de sapin, bien jointes, non rabotées et au préalable passées à la résine. Le plancher débordera hors cordes de 0 m. 50 minimum de chaque côté.

Les cordes, de 2 centimètres de diamètre,

seront, l'une à 0 m. 60 du plancher, la seconde à 1 m. 20. Les cordes seront maintenues par huit piquets ronds en bois, de
1 m. 30 de haut, rembourrés à leur partie
supérieure.

Chaque concurrent aura à sa disposition
une chaise et un plateau contenant de la
résine.

La Tenue.

Art. 2. — La tenue devra
être décente, d'une pro-
preté absolue et appropriée à la boxe.

L'emploi des jambières est interdit. Les
bas sont admis.

La culotte sera obligatoirement de couleur
noire et descendra au moins jusqu'à la rotule. Le maillot de corps avec ou sans manches est obligatoire. Sa couleur est facultative.

Les chaussures et gants devront être
agréés par l'arbitre et répondre aux conditions suivantes :

Chaussures. — Les bottines à lacets et à
œillets, à semelles plates en buffle souple,
sans talons ni talonnettes, très minces et non
rigides, sont seules admises. Elles devront
être usagées.

Les gants. — Les gants seront avec bourrelets au poignet, uniformément rembourrés
et du poids de 250 grammes. Les gants avec
manchettes sont interdits; la manchette ra-
joutée seule peut être toutefois admise.

Les gants sans pouce sont interdits.

Les poids. Art. 3. — Les poids reconnus sont les suivants :

Poids plume : jusqu'à 52 kilos 600 inclus.

Poids extra-léger : jusqu'à 57 kilos 140 inclus.

Poids léger : jusqu'à 63 kilos 500 inclus.

Poids moyen : jusqu'à 71 kilos 650 inclus.

Poids lourd : au-dessus de 71 kilos 650.

Le poids est celui accusé par la balance,
le corps nu, au moment du pesage réglementaire ou avant l'entrée dans le ring, ou à
quatre heures de l'après-midi le jour de
l'assaut, si un tireur le désire et ce suivant
les conditions indiquées pour les rencontres.

Les Seconds. Art. 4. — Chaque compétiteur a droit à l'assis-
tance d'un second et d'un aide qui le frictionnent, l'éventent, le rafraîchissent dans
les intervalles des reprises.

Les seconds doivent quitter l'enceinte au signal du chronométreur, donné dix secondes avant celui de la reprise; ils n'ont le droit de pénétrer dans l'enceinte qu'au signal de l'arrêt; ils ont également pour mission de retirer de l'enceinte, au signal de la reprise, la chaise de leur homme. Il leur est interdit, même par signes de donner ni conseils, ni instructions, ni encouragements pendant la durée de la reprise.

L'inobservation de ces prescriptions peut, après un rappel à l'ordre, entraîner des pénalités pour les seconds et pour celui qu'ils assistent.

Coups défendus. Art. 5. — Les coups de poing devront être portés le poing fermé et directement, c'est-à-dire sans tour ou demi-tour en pivotant en arrière.

Art. 6. — Sont interdits :

Tous les coups de pied directs par devant ou par derrière (1);

Tous les temps de lutte quels qu'ils soient;

____

(1) Ce sont les coups dits « coups de pied de pointe » dans notre méthode.

Les enfourchements de tête ;

Les coups portés la main ouverte ou par le côté de la main ;

Les coups portés avec le poignet, l'avant-bras, le coude, le genou et la tête.

Art. 7. — Dans les corps à corps, l'adversaire qui tient ne doit pas frapper. Au commandement de l'arbitre, les adversaires doivent aussitôt se séparer.

Art. 7 *bis*. — Lorsqu'un coup de pied atteindra volontairement ou par faute, les parties sexuelles, qu'il aura été vu par l'arbitre et mettra l'adversaire dans l'obligation de s'arrêter :

1° L'arbitre pourra disqualifier ou pénaliser le tireur qui aura porté le coup et prendre toutes mesures qu'il jugera utiles ;

2° L'arbitre devra, et ce sans que cela puisse préjuger de sa décision, s'assurer du temps pendant lequel l'adversaire touché restera sans combattre comme il est dit à l'article 15.

Durée des Reprises.

Art. 8. — Chaque rencontre comportera trois reprises, d'une durée de trois minutes, séparées par un intervalle d'une minute.

Art. 9. — Au signal du chronométreur annonçant la fin de la reprise, les adversaires devront immédiatement cesser de combattre et regagner leur coin.

Au signal donné par le chronométreur annonçant le commencement de la reprise, ils devront immédiatement quitter leur coin et combattre.

Les temps seront pris par un chronométreur.

Il chronométrera :

1° La sortie des seconds;

2° Les reprises;

3° Les arrêts;

4° Les intervalles.

Dans l'Enceinte. Art. 10. — Il est interdit aux adversaires de parler, de s'interpeller, de discuter un rappel, un ordre, une décision de l'arbitre, sous peine de disqualification. Les corps à corps doivent être évités ou, sitôt produits, brisés par l'arbitre.

Art. 11. — Après un corps à corps brisé par l'arbitre, et toutes les fois que l'arbitre en donnera l'ordre, les adversaires devront s'arrêter de combattre. Ils continueront d'eux-mêmes. Le terrain gagné reste acquis.

Art. 12. — Tout concurrent boxant déloyalement sera disqualifié par l'arbitre, sans excepter les peines fédératives qu'il peut encourir de ce fait.

Art. 13. — L'arbitre a la faculté d'éliminer sur-le-champ tout concurrent dont l'infériorité ou l'inexpérience sera manifeste, ou qui ne défendra pas sa chance.

La Décision.

Art. 14. — L'arbitre prononce seul et en dernier ressort.

En aucun cas l'arbitre ne pourra prononcer match nul.

Art. 15. — Dans le cas où l'un des adversaires tombe à terre, ou cesse de combattre pour une cause quelconque, l'arbitre comptera immédiatement jusqu'à 10, à haute voix pour être entendu autant que possible de l'homme tombé.

Cette énonciation de 1 à 10 sera faite avec des intervalles d'environ une seconde, sera déclaré vaincu tout concurrent qui, après l'énonciation du nombre 10, ne se sera pas relevé pour continuer à combattre.

Sera aussi déclaré vaincu tout concurrent qui, 10 secondes après le signal annonçant le commencement d'une reprise, n'aura pu reprendre la rencontre.

Si un homme est mis hors du ring, le temps de suspension de combat ne peut excéder 10 secondes.

Lorsqu'un homme est à terre et que l'arbitre compte de 1 à 10, si pendant cette énonciation et avant que l'arbitre compte 10, la fin du match arrive, l'avantage peut être donné à l'homme qui est à terre.

L'arbitre devra également compter de la même manière sans que cela puisse préjuger de sa décision si un adversaire est atteint aux parties sexuelles, comme il est dit à l'article 7 *bis* ci-dessus ou dans les autres cas qu'il jugera utiles.

Art. 16. — Les coups reconnus comme valables sont :

Tous les coups bas portés entre la cheville et le dessous du genou ;

Les chassés au genou et à la cuisse ;

Les coups au flanc ou à la poitrine et à la figure ;

Tous les coups d'arrêts, bas, au corps ou à la figure ;

Les coups sur la jambe levée en position d'attaque ou de défense ;

Les enfourchements — sauf ceux de tête ;

Les chassés au bras non détaché du corps ;

La prise de jambe assurée, mettant l'adversaire dans l'impossibilité de riposter utilement ;

La prise de jambe qui conduit l'adversaire à terre ;

Les coups de poing doivent être portés le poing fermé, au-dessus de la ceinture et à la tête, par devant ou par derrière. Les coups de pied prévus ci-dessus doivent être portés depuis les pieds jusqu'au sommet de la tête, soit devant ou derrière le corps ;

Sont interdits tous les coups de pied directs.

Art. 17. — Il est interdit de frapper un adversaire à terre. Le boxeur resté debout doit se tenir à distance et peut continuer à frapper quand, l'adversaire ayant quitté le sol des deux mains, lui fait à nouveau face.

Art. 18. — L'arbitre peut arrêter une rencontre dans la seconde ou dans la troisième reprise lorsqu'il juge que la lutte est par trop inégale.

Art. 19. — Après l'avoir averti, l'arbitre peut disqualifier tout concurrent qui boxe d'une façon déloyale, provoque les corps à corps, tombe à terre sans avoir reçu de coup, et d'une façon générale tout concurrent qui n'observe pas les prescriptions édictées par les règles.

Art. 20. — L'arbitre décide seul et en dernier ressort sur l'application des règles, dans tous les cas prévus, et dans ceux non prévus par le présent règlement.

RÈGLES DE BOXE ANGLAISE

L'Enceinte. — **Article premier.** — L'enceinte aura les dimensions suivantes : 7 mètres de côté maximum, 5 mètres de côté minimum ; le sol en sera de planches de sapin, bien jointes, non rabotées et au préalable passées à la résine. Le plancher débordera hors cordes de 0 m. 50 minimum de chaque côté.

Les cordes, de 2 centimètres de diamètre, seront, l'une à 0 m. 60 du plancher, la seconde à 1 m. 20. Les cordes seront maintenues par huit piquets ronds, en bois, de 1 m. 30 de haut, rembourrés à leur partie supérieure.

Chaque concurrent aura à sa disposition une chaise et un plateau contenant de la résine

| **La Tenue.** | Art. 2. — La tenue devra être décente, d'une propreté absolue et appropriée à la boxe. |

La culotte sera obligatoirement de couleur noire et descendra au moins jusqu'à la rotule. Le maillot de corps avec ou sans manches est obligatoire. Sa couleur est facultative.

Les chaussures et gants devront être agréés par l'arbitre et répondre aux conditions suivantes :

Chaussures. — Les souliers légers et les bottines sans pointes sont seuls admis.

Les gants. — Les gants seront avec bourrelets au poignet, uniformément rembourrés et du poids de 250 grammes chacun pour les amateurs et militaires et de 180 grammes chacun pour les professionnels.

Les gants sans pouce sont interdits.

Les gants avec manchettes sont interdits.

| **Les Poids** | Art. 3. — Les poids reconnus sont les suivants : |

Poids plume : jusqu'à 52 kilos 600 inclus.

Poids extra-léger : jusqu'à 57 kilos 540 inclus.

Poids léger : jusqu'à 63 kilos 500 inclus.

Poids moyen : jusqu'à 71 kilos 650 inclus.

Poids lourd : au-dessus de 71 kilos 650.

Le poids est celui accusé par la balance, le corps nu, au moment du pesage réglementaire ou avant l'entrée dans l'enceinte, ou à 4 heures de l'après-midi le jour de l'assaut si un tireur le désire et ce suivant les conditions indiquées pour les rencontres.

Les Seconds. — Art. 4. — Chaque compétiteur a droit à l'assistance d'un second et d'un aide qui le frictionnent, l'éventent, le rafraîchissent dans les intervalles des reprises.

Les seconds doivent quitter l'enceinte au signal du chronométreur, donné dix secondes avant la reprise ; ils n'ont le droit de pénétrer dans l'enceinte qu'au signal de l'arrêt ; ils ont également pour mission de retirer de l'enceinte, au signal de la reprise, la chaise de leur homme. Il leur est interdit de donner, même par signes, ni conseils, ni instructions, ni encouragements pendant la durée de la reprise.

L'inobservation de ces prescriptions peut, après un rappel à l'ordre, entraîner des pénalités pour les seconds et pour celui qu'ils assistent.

Durée des Reprises.

Art. 5. — Chaque rencontre comportera quatre reprises, d'une durée de trois minutes, séparées par un intervalle d'une minute.

Art. 6. — Au signal du chronométreur annonçant la fin de la reprise, les adversaires devront immédiatement cesser de combattre et regagner leur place.

Au signal donné par le chronométreur annonçant le commencement de la reprise, ils devront immédiatement quitter leur place et combattre.

Les temps seront pris par un chronométreur.

Il chronométrera :

1° La sortie des seconds;

2° Les reprises;

3° Les arrêts;

4° Les intervalles.

Dans l'Enceinte.

Art. 7. — Il est interdit aux adversaires de parler, de s'interpeller, de discuter un rappel, un ordre, une décision de l'arbitre, sous peine de disqualification.

Art. 8. — Tout concurrent boxant déloyalement sera disqualifié par l'arbitre, sans excepter les peines fédératives qu'il peut encourir de ce fait.

Art. 9. — L'arbitre a la faculté d'éliminer sur-le-champ tout concurrent dont l'inexpérience sera manifeste, ou qui ne défendra pas sa chance.

Art. 10. — Dans les corps à corps l'adversaire qui tient ne doit pas frapper; au commandement de l'arbitre, les adversaires doivent aussitôt se séparer.

La Décision.

Art. 11. — L'arbitre prononce seul et en dernier ressort.

En aucun cas l'arbitre ne pourra prononcer match nul.

Art. 12. — Dans le cas où l'un des adversaires tombe à terre, l'arbitre comptera immédiatement jusqu'à 10, à haute voix pour être entendu autant que possible de l'homme tombé.

Cette énonciation de 1 à 10 sera faite avec des intervalles d'environ une seconde.

Sera déclaré vaincu tout concurrent qui,

après l'énonciation du nombre 10, ne se sera
pas relevé.

Sera aussi déclaré vaincu tout concurrent
qui, 10 secondes après le signal annonçant
le commencement d'une reprise, n'aura pu
reprendre la rencontre.

Si un homme est mis hors du ring, le
temps de suspension du combat ne peut
excéder 10 secondes.

Lorsqu'un homme est à terre et que l'arbitre compte de 1 à 10, si, pendant cette
énonciation et avant que l'arbitre compte
10, la fin du match arrive, l'avantage peut
être donné à l'homme qui est à terre.

D'une façon générale, est battu tout concurrent qui, pour une cause quelconque, cesse de
combattre pendant l'énonciation de 1 à 10 secondes, faite pendant la durée d'une reprise.

Art. 13. — Les coups doivent être délivrés
le poing fermé, au-dessus de la ceinture, au
visage et sur les côtés de la tête et sans tour
ou demi-tour en pivotant en arrière.

L'arbitre a le droit de disqualifier tout
concurrent qui frappe au-dessous de la ceinture, avec le gant ouvert, la paume de la
main, le poignet, l'avant-bras ou le coude
ou le côté de la main ouverte

Art. 14. — Il est interdit de frapper un adversaire à terre; il est défendu de tenir l'adversaire, de donner des coups de pied, des coups de tête, d'épaule; de tomber sans avoir reçu un coup; de lutter, de tirer d'une façon brutale ou de toute façon constituant une incorrection.

Art. 15. — Lorsqu'un concurrent est à terre, celui resté debout doit se tenir à distance. Il ne peut recommencer à boxer que lorsque son adversaire a quitté le sol des deux mains et lui fait à nouveau face.

Art. 16. — L'arbitre peut arrêter une rencontre dans la seconde ou dans la troisième reprise lorsqu'il juge que la lutte est par trop inégale.

Art. 17. — Après l'avoir averti, l'arbitre peut disqualifier tout concurrent qui boxe d'une façon déloyale, provoque les corps à corps, et d'une façon générale tout concurrent qui n'observe pas les prescriptions édictées par les règles.

Art. 18. — L'arbitre décide seul et en dernier ressort sur l'application des règles, dans tous les cas prévus, et dans ceux non prévus par le présent règlement.

*
* *

Tels sont les règlements de la Fédération Française des Sociétés de Boxe pour les Championnats.

Dans un assaut public ordinaire, ne faisant pas partie d'un Championnat, on peut s'inspirer des règlements ci-dessus, sauf certaines réserves.

L'intervention d'un arbitre n'y est pas d'usage. Le président d'assaut n'a pas des attributions aussi étendues que celles du «referce».

Il n'y a pas de décision à la suite des assauts, qui ne sont plus des matches, mais qui sont considérés comme des «exhibitions».

Sans qu'une décision soit formulée, les spectateurs attribuent l'avantage à celui des adversaires qui leur paraît avoir dominé l'autre, «avoir pris le meilleur».

QUELQUES TERMES ANGLAIS

———

Dans le compte rendu des assauts et combats de boxe un certain nombre de mots anglais sont devenus d'un usage courant.

Quelques-uns ont été déjà expliqués, notamment dans la première partie de la méthode de Leclerc.

Pour la commodité des lecteurs, nous en formons un petit vocabulaire :

Are you ready ? Êtes-vous prêt ?

Break away, dégagez-vous, séparez-vous.

Clinch, étreinte, corps à corps.

Draw, match nul.

Fight, combat ; *fighter,* combattant ; *in fighting,* l'art de combattre en corps à corps.

Heavyweight, poids lourd ; *middleweight,* poids moyen ; *lightweight,* poids léger.

Hook, crochet, coup dit crochet.

Knock-out (littéralement : coup dehors) coup décisif qui met l'adversaire hors de combat.

To knock-out (frapper dehors) mettre hors de combat ; *Knocked-out*, mis hors de combat.

Jusqu'au *finish*, jusqu'à ce que l'un des adversaires soit *knocked-out*.

Punching-ball, ballon à « cogner », à boxer.

Referee, arbitre.

Ring, (littéralement : cercle, rond) : enceinte du combat, bien qu'elle n'affecte pas la forme d'un cercle.

Seconds out, les seconds dehors.

Sparring partners, boxeurs avec lesquels on s'entraîne.

Swing (littéralement : balancement) coup de côté.

Time, temps ; *timekeeper*, chronométreur.

Uppercut, coup de bas en haut.

LA BOXE A POINGS NUS

Entre autres « professionnels combattants » anglais, nous avons vu à Paris des « old style fighters », des « combattants de vieux style », c'est-à-dire des spécialistes des matches à poings nus, qui se disputent encore en Angleterre, malgré les sévérités de la police et les condamnations rigoureuses qui frappent non seulement les organisateurs de ces sortes de rencontres, mais encore tenants, boxeurs et spectateurs.

Du reste, c'est le fait de n'avoir mis les gants que depuis peu de temps qui a peut-être handicapé tel ou tel fighter dans certains matches, dit notre confrère Daniel Rivoire, des *Sports*, qui ajoute : « Jack Sweeney, ex-champion poids plume d'Angleterre, le manager de Bill King, nous expliquait en effet que la plupart des vrais « pugilistes » sont souvent de médiocres *glovefighters* (boxeurs gantés). A poings nus, les hommes frappent surtout au visage et négligent les coups au corps, qui sont moins efficaces. Cela expliquerait comment Bill King a succombé au double crochet que Peter Brown lui plaça au creux de l'estomac, avec une force terrible, d'ailleurs.

Jack Sweeney est persuadé qu'à poings nus le résultat eût été tout autre, et il offrait même de recommencer immédiatement le combat, si Peter Brown voulait accepter d'ôter les gants.

* *

Il nous semble intéressant, à propos de cet incident, de donner à nos lecteurs quelques renseignements sur ce que sont ces combats à poings nus.

Ils sont régis par une réglementation connue sous le titre de *London Prize Ring Rules* (Règles du ring professionnel de Londres) et tous les combats de championnats devaient se disputer à poings nus. Il en fut ainsi de 1719 jusqu'au 8 juillet 1889, date à laquelle John L. Sullivan battit Jake Kilrain pour le titre de champion du monde.

D'après ces règles, les hommes sont mis en présence sur le ring et, au signal de l'arbitre, s'abordent et combattent jusqu'à ce que l'un d'eux soit à terre. Ils peuvent se tenir dans les corps à corps et frapper comme ils l'entendent, sauf, bien entendu, avec la tête ou plus bas que la ceinture.

Lorsqu'un des combattants tombe, ses seconds peuvent pénétrer sur le ring et le conduire ou le porter dans son coin, où il s'assied sur le genou de l'un d'eux (1). Aucune autre personne que les deux seconds et un « bottle holder » (teneur de bouteille) ne peuvent soigner le combattant.

Le chronométreur, trente secondes après, crie : « Time », et chaque homme doit se lever et venir sans aucun aide au centre du ring. Il a pour cela huit secondes et les seconds ont le même temps pour quitter le ring. Dans le cas où, au bout des huit secondes, l'un des deux combattants n'a pas gagné le centre du ring, il est déclaré vaincu. Il en est de même si ses seconds

(1) A défaut de siège dans les combats en plein air.

n'ont pas quitté le ring les huit secondes
écoulées.

Au moment où les deux hommes vont
s'aborder, l'arbitre leur fait ouvrir les mains
et constate qu'ils n'ont ni pierre, ni bout de
bois dans la paume et qu'elles ne sont pas
enduites de résine.

Mais les boxeurs à poings nus ont le droit
de se faire « tanner » les mains en les faisant
macérer dans une préparation spéciale. C'est
ce que l'on appelle « *pickle the fists* » (mari-
ner les poings).

La marinade la plus usitée à cet effet se
compose de vinaigre, d'essence de térében-
thine et de whisky. Trois fois par jour et pendant une quinzaine au moins, le boxeur qui
s'entraîne pour un combat fait tremper ses
mains dans cette préparation. Puis un spé-
cialiste lui masse les doigts et le dos de la
main de façon à faire fondre les chairs et ne
plus laisser que la peau, les muscles et les
os.

Ainsi tannées, les mains du boxeur peuvent résister au déchirement et deviennent
dures comme de véritables pierres.

Le ring, d'après les règles, doit être éta-
bli sur le sol durci ou sur l'herbe rase. Les

boxeurs sont autorisés à porter des souliers munis de pointes comme ceux des coureurs à pied, sauf que le talon est également armé d'une pointe.

Dans ces combats à poings nus, le rôle des seconds est d'une importance considérable. Un second doit savoir débrider une plaie, recoudre une blessure, empêcher la tuméfaction des paupières qui peut aveugler un combattant. C'est presque un chirurgien et généralement une sorte de « rebouteux ». Il a avec lui une trousse et un arsenal de fioles.

C'est que, sur la figure, les poings nus laissent des traces terribles. La peau éclate, pend, et sur les chairs vives les coups deviennent particulièrement douloureux.

Les yeux se boursouflent vite, au point que souvent les hommes ne peuvent arriver à se voir et se frappent à tâtons. Il est, pour obtenir un soulagement passager, des remèdes bizarres et sauvages, comme d'appliquer, sur le visage tuméfié, du pain sortant brûlant d'un four. L'emploi de la glace, dans le même but, est actuellement très fréquent — car, ne l'oublions pas, ces combats à poings nus ont encore lieu aux environs de

Londres, malgré les peines édictées contre
tous ceux qui les organisent ou y prennent
part d'une façon quelconque.

*
**

Autrefois — il n'y a pas si longtemps d'ailleurs — ils étaient publics et se donnaient
sur le turf, après les courses. Peter Brown
lui-même a ainsi combattu plusieurs années
de suite, au Derby d'Epsom, par tolérance
spéciale, il est vrai.

Actuellement, l'annonce d'un combat à
poings nus se fait dans les journaux : seul
l'endroit où il doit avoir lieu n'est pas dési-
gné. Les intéressés en sont prévenus au
dernier moment, et les plus grands soins
sont pris pour dépister la police.

Les risques encourus ajoutent certainement, pour certains sportsmen, un attrait de
plus à ces rencontres, les seules, disent les
fanatiques, qui méritent le nom de « pugi-
lats ».

UN MATCH

Pour le titre de Champion du monde.

Depuis 1889 jusqu'à l'époque où fut disputé ce match, les champions du monde ont
été John L. Sullivan (dont nous avons déjà
signalé la virtuosité dans le *knock-out*),
James J. Corbett, R. Fitzimmons, Jas J. Jeffries et Tommy Burns. Sullivan fut champion
depuis 1889, après sa victoire sur Kilrain,
jusqu'en 1892. Puis ce fut Corbett, jusqu'en
1897, où il fut battu par Fitzsimmons, vaincu
lui-même, en 1899, par Jeffries.

Celui-ci déclara, en 1907, que Tommy
Burns, à la suite de divers succès, pouvait
porter à son tour le titre de champion.

En décembre 1908, près de Sydney, le
nègre Jack Johnson remporta une sensation-
nelle victoire sur Tommy Burns. Et l'on
assure que dès le début du combat la défaite

de celui-ci était certaine, mais que son adversaire voulût faire durer... le plaisir pour se venger des propos de Tommy Burns, et pour rendre plus complète la « punition », le « punishment », comme on dit en style de boxe.

Voici quelles furent les impressions de l'arbitre de ce match, M. Hugh D. Mac Intosh, telles qu'il les confia aux *Sports*.

« Le match entre Johnson et Burns peut, à tous points de vue, être considéré comme un match record.

« La valeur des deux adversaires, leurs retentissants défis, les pourparlers interminables, les négociations poursuivies tour à tour en Amérique, en Europe et enfin en Australie, créèrent autour de ce combat une atmosphère de curiosité inquiète, un maximum d'anxiété sportive. Le chiffre de la bourse accordée aux deux adversaires, l'importance des dépenses engagées étaient au reste en rapport avec l'intérêt que suscitait la rencontre. Le terrain où elle se disputa, à « Rushcutters' Bay » près Sydney, l'un des emplacements que je possède en Australie, est des plus favorables à un great event pugilistique. Aussi, pendant les semaines d'entraînement qui précédèrent le match, le travail des deux adversaires, leurs espérances, leurs moindres faits et gestes furent-ils suivis avec une attention passionnée.

Burns surentraîné. « Dans la semaine qui précéda le combat, les chances des deux antagonistes se précisèrent.

« Jusqu'au mardi, — le combat avait lieu le samedi, — Tommy Burns était dans une condition splendide. Mais, à partir de ce jour, et de façon croissante, il devint soucieux et très nerveux, et ce n'est vraiment pas dans la plénitude de ses moyens qu'il montait sur le ring, à onze heures du matin, le samedi.

« Jack Jonhson, au contraire, avait conservé toute sa confiance et toute sa force. Il était splendide. Sa musculature merveilleuse et sa taille immense produisirent dès son apparition sur le ring une impression profonde. Et pour moi, comme pour les 16 000 spectateurs présents, silencieux, dans l'attente, la différence entre les deux hommes, déjà si sensible dans la taille, était à tous points de vue frappante.

Le coup décisif.

« Sitôt que les combattants quittèrent leur coin, Johnson cria à Burns : « Viens donc ici me montrer ce que tu sais faire, Tommy. » Et Burns de répondre : « Prends garde à ta face de singe. » Il achevait à peine que Johnson, d'un uppercut terrible, le soulevait et le jetait à terre, étendu sur le dos.

« Ce fut là tout le combat. Dès lors, ce ne fut plus un match, mais une terrible punition infligée par le démon jaune.

« Au quatorzième round, la police arrêtait la rencontre et la décision que j'avais à prendre ne faisait de doute pour personne.

« Tommy Burns était battu.

Autour du combat.

« Au reste, les photographies prises au cours du match notent avec une éloquence brutale la supériorité de Johnson, comme au reste le courage héroïque du Canadien. L'un fut un colosse souriant, invincible, distribuant en se jouant les preuves d'une force souveraine. L'autre résista sans espoir de faire autre chose que de résister, et sans mettre à aucun moment son adversaire en danger.

« Quant à la foule des 16.000 sportsmen qui se pressaient autour du ring, elle fut admirable de calme, d'empire sur elle-même, de recueillement. La recette était la plus formidable qu'ait jamais réalisé un match de boxe : 635.000 francs. Les paris engagés se montaient à un total très élevé et cependant, à aucun moment, malgré la défaite irrémédiable du favori, il n'y eut la moindre clameur, le moindre signe de nervosité. »

Burns s'était fait assurer d'avance une bourse de 150.000 francs. Il reçut de plus 8.750 francs payés par le cinématographe et 6.000 francs pour ses frais de voyage et d'entraînement.

Le vainqueur, qui avait demandé une bourse plus modeste, ne toucha en tout que 35.000 francs. Mais un tel succès avait bien son prix, en dehors de cette somme.

Le total des frais engagés s'élevait à 225.000 francs.

AUTRE MATCH

Sur un autre match sensationnel, celui qui mit aux prises Jeffries et Corbett, a San Francisco, voici d'intéressants détails, d'après un compte rendu de l'*Auto*.

(Rappelons que Corbett, ancien champion du monde, voulait reconquérir ce titre, que lui avait enlevé Fitzsimmons, battu à son tour par Jeffries.)

1re reprise.

Jeffries attaque vivement du bras gauche. Corbett danse autour de son adversaire en souriant et en parant les coups.

Pan ! Jeffries touche Corbett à la mâchoire. Le bras droit de Corbett décrit une parabole, et son poing s'abat sur la tête du champion du monde.

Jeffries touche deux fois Corbett au ventre;
Corbett atteint Jeffries au cœur.

Jeffries bondit, tandis que Corbett recule
de deux pas, en recevant quelques coups
terribles au cœur.

2ᵉ *reprise.*

Les deux hommes manquent coups sur
coups.

Corbett réclame contre Jeffries, qui lui
aurait tenu le bras. Échange de coups de
part et d'autre.

Corbett est beaucoup moins vite qu'aupa-
ravant. Jeffries, au contraire, est vite et
adroit et a l'avantage.

3ᵉ *reprise.*

Jeffries touche Corbett au cou. Corbett
répond par un coup dans la poitrine. Corbett
se tient sur la défensive, tandis que Jeffries
manque de peu des coups terribles.

Jeffries s'emballe ; la galerie hurle, littéralement. Corbett paraît supporter merveilleusement deux ou trois coups en plein
estomac.

4ᵉ *reprise*.

Corbett pare habilement un nouveau coup à l'estomac. Il reçoit un coup direct a la poitrine et répond a la bouche d'abord, au cœur ensuite. Jeffries sourit.

En voulant parer une attaque, Corbett glisse et tombe. Il se relève aussitôt.

5ᵉ *reprise*.

Sur l'ordre du capitaine Moonly, on change le gant de Jeffries qui est abîmé.

Jeffries attaque encore ; Corbett pare difficilement. Corbett attaque, mais plusieurs coups ne portent pas, ou, du moins, très faiblement.

Corbett réussit cependant un coup très dur dans le ventre, mais Jeffries riposte par un coup sur l'épaule et un autre sur la joue.

Corbett paraît fatigué.

6ᵉ *reprise*.

Jeffries bondit de sa chaise et prend sa position favorite : l'échine courbée, la tête en avant. Il touche Corbett a la tête. Il frappe dur au menton, au ventre, a la tête, au ventre, puis encore a la tête.

On prévoit déjà le résultat.

Corbett n'y est plus !

Il touche néanmoins Jeffries à la joue, puis
au menton.

7ᵉ *reprise.*

Jeffries attaque toujours, rapidement.

Il bondit férocement sur Corbett, mais
celui-ci l'évite et touche au cœur.

Corbett reprend courage, mais Jeffries
reçoit tout sans broncher. « Il ne peut pas
me tomber, dit le champion. Allez, Jim,
voyez si vous pouvez me tomber ! »

Jeffries reçoit quelques coups sur le
crâne.

8ᵉ *reprise.*

La foule hurle à nouveau en voyant Jeffries bondir. Il touche Corbett au nez, mais
Corbett répond superbement et prend quelque peu l'avantage.

9ᵉ *reprise.*

Jeffries modifie quelque peu sa tactique :
il paraît décidé à en finir. Il bondit sur Corbett comme un tigre, mais Corbett se défend
merveilleusement et pare bien des coups.

Les joues des deux hommes sont couvertes de sang.

10e *reprise.*

Jeffries attaque encore franchement Corbett, qui essaie de parer. Jeffries réussit un coup terrible dans le bas-ventre. Corbett ne peut vaincre la douleur et tombe à terre. Il y reste neuf secondes.

A peine relevé, il reçoit un coup dans l'estomac et un autre sur la joue : il roule encore à terre, se débat sur le plancher et porte la main à l'endroit touché.

Le chronométreur compte sept secondes, lorsque Corbett se relève, la face congestionnée. Mais ses aides ont jeté l'éponge sur le ring ; ils s'inclinent. James Jeffries, champion du monde, conserve son titre.

A peine le résultat est-il proclamé que Corbett va tendre la main à Jeffries et, très simplement, lui dit : « *Congratulate you, old man* (je vous félicite, mon vieux). »

La foule n'entend pas l'arbitre qui crie le résultat. Les cris, les applaudissements, les

fflets retentissent; c'est une bousculade
indescriptible pour sortir.

La recette a été bonne : le vainqueur em-
poche 32.728 dollars; le vaincu, 10.910. Le
match a été une bonne affaire.

C'est fini.

Et maintenant James J. Jeffries, champion
du monde, attend le prochain défi.

Corbett, au contraire, s'incline devant la
supériorité de son rival. « Jeffries, dit-il, est
trop fort pour moi. » Et il déclare quitter, à
tout jamais, le ring.

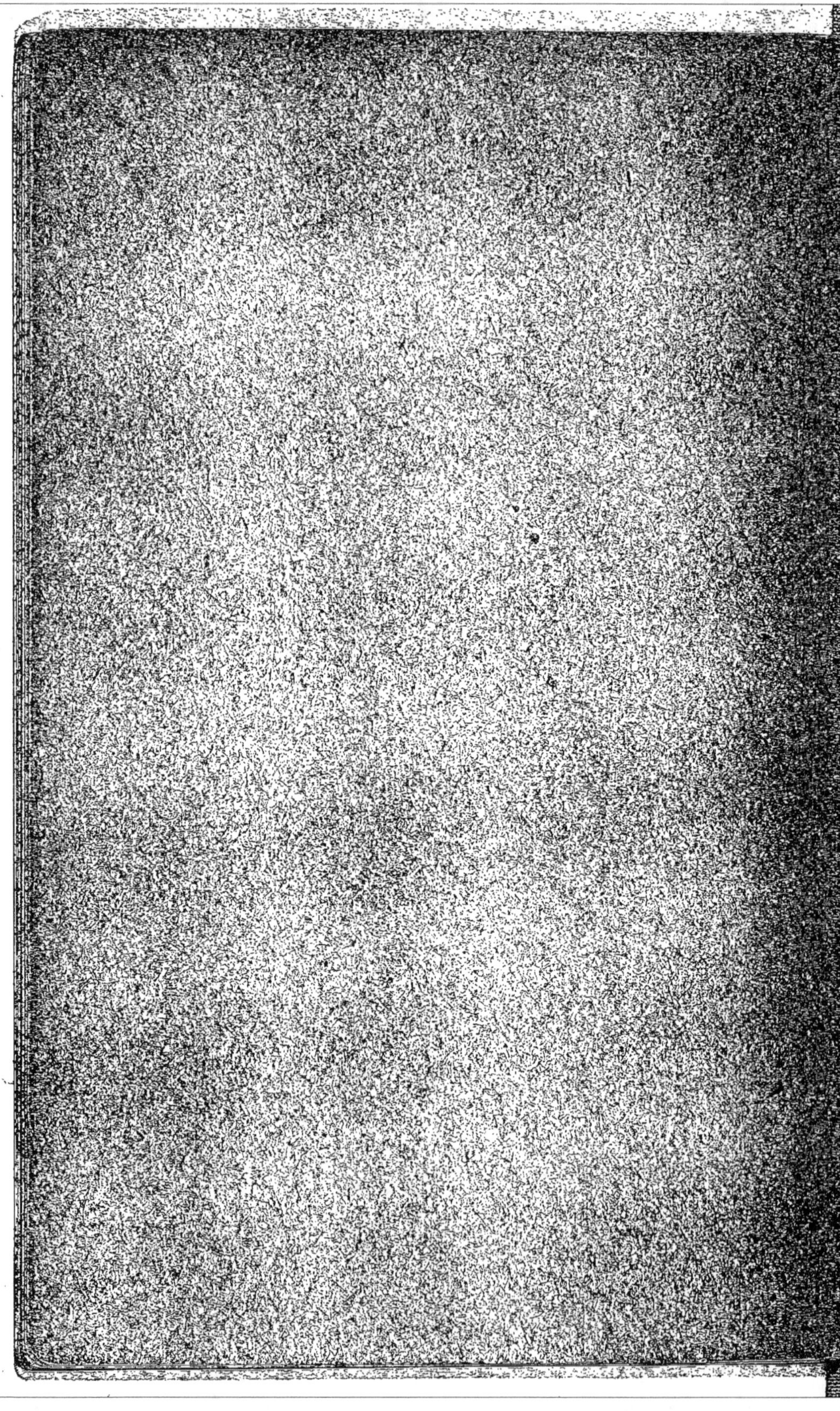

TABLE DES MATIÈRES